Les clés pour réussir 99,9% de vos investissements en Bitcoin et en toutes les cryptomonnaies

IZAK YOHANA

« Le Code de la propriété intellectuelle et artistique n'autorisant, aux termes des alinéas 2 et 3 de l'article L.122-5, d'une part, que les « copies ou reproductions strictement réservées à l'usage privé du copiste et non destinées à une utilisation collective » et, d'autre part, que les analyses et les courtes citations dans un but d'exemple et d'illustration, « toute représentation ou reproduction intégrale, ou partielle, faite sans le consentement de l'auteur ou de ses ayants droit ou ayants cause, est illicite » (alinéa 1er de l'article L. 122-4). Cette représentation ou reproduction, par quelque procédé que ce soit, constituerait donc une contrefaçon sanctionnée par les articles 425 et suivants du Code pénal. »

« Il est interdit de reproduire intégralement ou partiellement la présente publication sans autorisation du Centre Français d'exploitation du droit de Copie (CFC – 20, rue des Grands-Augustins, 75006 Paris. Tél. : 01 44 07 47 70, Fax : 01 46 34 67 19). »

1ère édition : 1 juillet 2019

2ème édition : 1 juin 2021

3ème édition : 1 novembre 2021

4ème édition : 1 janvier 2022

Tous droits réservés.

Table des matières

Introduction générale...6

Partie I : Se préparer pour trader : les outils que nous allons utiliser..8

    Introduction..9

    Chapitre 1 : Plateforme de trading « classique » : Kraken 10

    Chapitre 2 : Plateforme de trading « spécialisée » : Binance..13

    Chapitre 3 : Les notions de support et de résistance 17

    Chapitre 4 : L'indicateur RSI 21

    Chapitre 5 : Les bandes de bollinger................................24

Partie II : 4 états d'esprit indispensables en trading de cryptomonnaies 28

    Introduction..29

    Chapitre 6 : Être patient 30

    Chapitre 7 : Être contre-intuitif.......................................33

    Chapitre 8 : Ne pas être cupide 35

    Chapitre 9 : Assumer des pertes......................................37

Partie III : 5 stratégies efficaces pour gagner de l'argent avec bitcoin et cryptomonnaies..40

    Introduction..41

Chapitre 10 : L'effet de levier dans un breakout haussier 43

Chapitre 11 : L'effet de levier dans un pullback baissier 49

Chapitre 12 : L'effet de levier dans un range 53

Chapitre 13 : « Day trade » sur Binance 58

Chapitre 14 : Trading de tunnel sur Binance 63

Partie IV : 6 secrets pour ne jamais perdre 68

Introduction 69

Chapitre 15 : Encaisser des profits dès 2% à 3% de gains 71

Chapitre 16 : Attendre que la tendance soit claire 73

Chapitre 17 : Attendre encore 12h à 24h 75

Chapitre 18 : Profiter d'une ou deux vagues 78

Chapitre 19 : Placer des ordres du type « take profit » et « stop loss » 81

Chapitre 20 : Alterner les stratégies sur Binance et sur kraken 84

Partie V : Stratégie d'investissement à partir de 2021 87

Introduction 88

Chapitre 21 : Le principe pivot à partir de 2021 90

Chapitre 22 : S'aligner avec les institutions 93

Chapitre 23 : Le minimalisme en investissement 96

Chapitre 24 : Placement axé sur la valeur 99

Chapitre 25 : Réussir à 100% avec « pyramide inversée » 102

Conclusion générale 107

Introduction générale

Le bitcoin est fulgurant, dans ce guide, nous allons droit au but pour que vous puissiez profiter rapidement de ces connaissances et commencer à encaisser des gains le plus rapidement possible.

J'ai écrit ce livre dans un souci d'efficacité et de pédagogie. Les parties s'enchaînent par progression logique, à l'intérieur de chaque partie, tout est organisé de manière à ce que vous puissiez comprendre d'un coup d'œil. Et de ce fait, il est préférable de ne sauter de chapitres, notamment la deuxième grande partie sur l'état d'esprit qui, à mon sens, contribue énormément à un investissement réussi.

Partie I : Se préparer pour trader : les outils que nous allons utiliser

INTRODUCTION

Il y a deux types de plateformes de trading pour les cryptomonnaies : celles qui se focalisent sur le trading entre les monnaies fiduciaires et les cryptomonnaies que j'appellerai une plateforme classique, c'est par exemple le trading entre l'euro et le bitcoin, puis celles qui se spécialisent dans l'échange de cryptomonnaies entre elles, comme par exemple bitcoin contre Ethereum, Ethereum contre litecoin, ainsi de suite, cette dernière j'appellerai une plateforme spécialisée.

Pour se préparer à gagner de l'argent avec les cryptomonnaies. Nous allons trader *à la fois* sur une plateforme classique *et* une plateforme spécialisée, ce qui veut dire que nous allons aussi bien trader l'euro contre les cryptomonnaies que les cryptomonnaies entre elles.

Nous verrons quelles plateformes choisir et une fois où nous serons équipés, nous allons apprendre les 3 indicateurs techniques de trading dont nous avons besoin dans nos stratégies.

Chapitre 1 : Plateforme de trading « classique » : Kraken

Nous avons besoin tout d'abord d'une plateforme de trading « classique », laquelle sera utilisée *uniquement* pour trader les monnaies fiduciaires contre les cryptomonnaies.

J'utilise Kraken pour trader l'euro contre les Top 10 des cryptomonnaies. En 2019, il n'y avait qu'une dizaine de cryptomonnaies les plus connues qui sont échangeables sur Kraken, aujourd'hui, vous trouverez les nouvelles stars naissantes comme Dogecoin. Notez que sur Kraken, vous pouvez également trader les cryptomonnaies entre elles tout comme sur une plateforme spécialisée, mais comme j'ai insisté tout à l'heure, je l'utilise uniquement pour trader de l'euro contre les cryptomonnaies et je vous expliquerai pourquoi et comment dans les chapitres sur les stratégies.

Kraken n'est pas la seule plateforme

évidemment, il existe d'autres telles que Coinbase Pro (ancien GDAX), BitStamp, BitFinex, etc. Vous êtes libre de choisir une plateforme qui vous convient. J'ai pris Kraken car l'inscription a été plus facile que Coinbase Pro qui se passe par un processus de vérification plus long. Niveau tarif, Coinbase Pro est probablement le moins cher de toutes mais celui de Kraken reste correct, entre 0,10% et 0,14% du montant investi pour une transaction, la variation de commissions se fait en fonction des volumes de transactions des 30 derniers jours sur votre compte : plus il y a de volumes, c'est-à-dire de mouvements d'achat et de vente sur votre compte, moins les commissions seront élevées, c'est donc le principe de tarif dégressif qui est appliqué sur Kraken.

Un exemple de commissions :
Si j'utilise 1000 euros pour acheter du bitcoin, la commission de transaction sera autour de 1 euros et 1,40 euros. Quand je vends le bitcoin que j'ai acheté, ce sera également 0,1% à 0,14% du montant de la vente qui sera facturé comme commission.

Il est donc important de garder ces chiffres en

tête car votre investissement n'est rentable que s'il procure un gain supérieur aux commissions, c'est-à-dire un retour supérieur à 0,2% et 0,28% du capital investi – cette marge s'explique par la différence de volumes de transactions accumulés dans les 30 derniers jours. Ici, **il ne faut pas oublier de multiplier par deux le tarif unitaire car comme expliqué dans l'exemple,** les commissions sont prélevées deux fois, une fois au moment de l'achat et une seconde fois au moment de la vente.

Chapitre 2 : Plateforme de trading « spécialisée » : Binance

Etant donné que nous échangeons uniquement les devises fiduciaires contre les cryptomonnaies sur la plateforme « classique », nous aurons besoin d'une plateforme spécialisée pour trader les cryptomonnaies entre elles. Pourquoi cette séparation ? La raison est simple : les plateformes spécialisées offrent plus de fonctionnalités à ce propos avec également plus de choix de cryptomonnaies, tandis que sur Kraken, nous n'avons qu'une sélection limitée de cryptomonnaies.

Pour la plateforme spécialisée, Binance est sans doute le premier choix, si ce n'est le seul. Contrairement au marché des plateformes classiques où la concurrence est rude, celui des plateformes spécialisées semble dominé par Binance pour la puissance de ses fonctionnalités. Malgré son lancement relativement récent en 2017, elle est la plateforme numéro 1 pour trader les cryptomonnaies entre elles. Cette plateforme est d'autant plus légitime qu'elle possède sa propre cryptomonnaie : Binance coin, qui figure parmi les Top 10 des cryptomonnaies déjà en 2019, et si vous regardez son cours récent, elle a réalisé une croissance exponentielle en 2021 pour se hisser au troisième rang. Si vous avez investi, ne reste-ce seulement 1000 euros, vous aurez probablement aujourd'hui 5000 euros.

L'enregistrement du compte chez Binance est rapide et très peu procédural, il n'y a pas besoin de beaucoup de vérifications si vous commencez par un capital équivalent à moins de 2 bitcoins (environ 16000 euros en printemps et été 2019, 100,000 euros en 2021)

Binance propose en outre une application mobile officielle sur laquelle nous allons déployer nos stratégies. Sur cette application, deux fonctionnalités nous intéressent en particulier : un classement automatique des cryptomonnaies les plus performantes et les moins performantes du jour ; la présence d'indicateurs techniques comme bandes de Bollinger (nous verrons tout à l'heure) sur différentes échelles de temps : d'une minute par chandelier jusqu'à 1 jour par chandelier en passant par des échelles de 15 minutes, 30 minutes, 2h, 4h, 6h, etc. Cette notion d'échelle est importante car plus la stratégie se déploie sur une durée courte, plus petite sera l'échelle que nous allons choisir d'afficher.

Pour bénéficier d'une réduction de 10% sur toutes les commissions présentes et à venir, veuillez appliquer le code : P5SEE5T4

L'échelle de 4h par chandelier :

L'échelle de 30 minutes par chandelier sur le même graphique :

Chapitre 3 : Les notions de support et de résistance

Outre les choix de comptes, il y a trois indicateurs techniques qu'on doit comprendre avant de commencer. Le premier indicateur est un couple de notions : le support et la résistance. Le support se matérialise par une ligne horizontale ascendante ou descendante - en fonction de la tendance générale du cours. Cette ligne, comme son nom l'indique, « supporte » l'évolution du cours, elle se situe donc en-dessous du cours, nous pouvons la tracer en suivant les bas successifs.

La ligne de support :

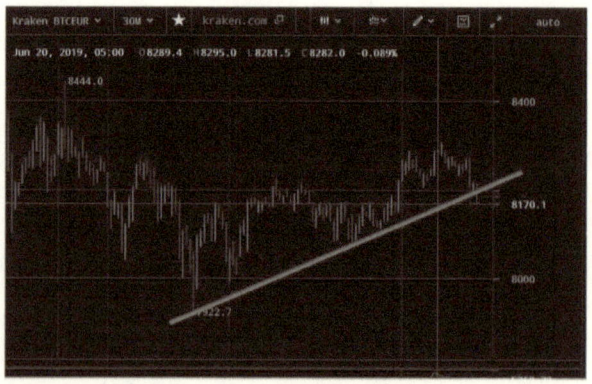

L'intérêt de la ligne de support, c'est, premièrement, de prédire les « sols » intermédiaires auxquelles le cours va toucher successivement, que ce dernier soit dans une tendance générale de croissance ou de décroissance. Deuxièmement, quand la ligne de support est cassée, il y a un inversement de tendance.

Quand le support est cassé :

En suivant la même logique, mais dans le sens inverse, nous avons la ligne de résistance. Celle-ci est la ligne horizontale – ascendante ou descendante – en fonction de la tendance générale du cours. Cette ligne est censée constituer la résistance à laquelle se heurte le cours, elle se situe donc au-dessus du cours, nous pouvons la tracer en suivant les hauts successifs du cours.

La ligne de résistance :

De la même manière, la ligne de résistance sert, premièrement, à identifier les plafonds intermédiaires auxquels le cours peut tester successivement, que ce dernier soit dans une tendance générale de croissance ou de décroissance. Deuxièmement, quand la ligne de résistance n'est plus respectée, il y a un inversement de tendance.

Quand la résistance est dépassée :

Chapitre 4 : L'indicateur RSI

L'indicateur RSI (Relative Strength Index) a pour fonction de repérer les renversements de tendance à la manière du couple de notions support-résistance. Cet indicateur est représenté par un graphique qui lui est propre, se situant en bas de celui de la cryptomonnaie. Son évolution ressemble au cours de la cryptomonnaie en question.

Sans entrer dans les détails, nous pouvons voir que cet indicateur a également sa propre échelle de valeurs partant de 0 à 100, ayant pour repères les couples de valeurs 30-70 ou 20-80. Ces couples de valeurs absolues sont représentés par des lignes horizontales sur le graphique de l'indicateur RSI.

Indicateur RSI avec repères 30-70 :

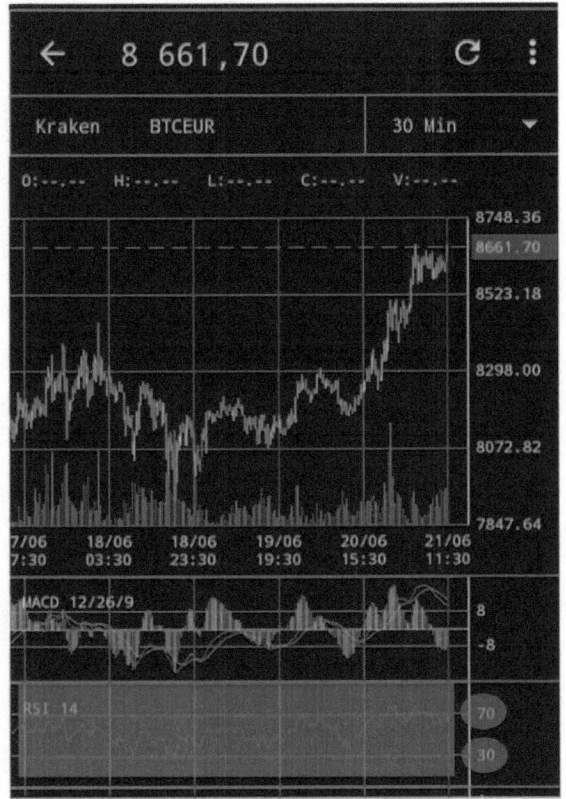

Comment interpréter cet indicateur ?

Lorsque la courbe tombe *en dessous de 30*, nous sommes dans une situation de survente, ce qui veut dire qu'il est moment d'*acheter*. Lorsque la courbe monte *au-dessus de 70*, nous sommes dans une situation de surachat, ce qui veut dire qu'il est moment de *vendre*.

L'interprétation de l'indicateur RSI :

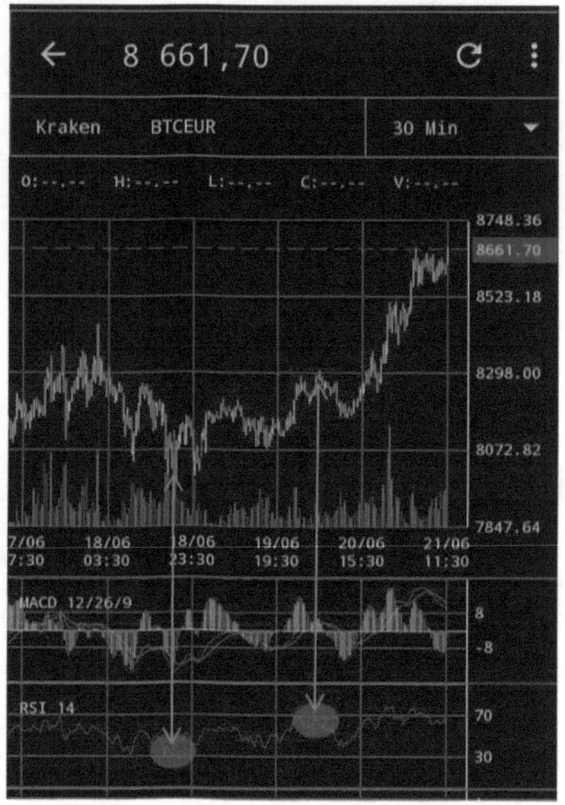

Cet indicateur est précis, réactif et relativement fiable. Il peut être affiché sur différentes échelles de temps du graphique de la cryptomonnaie. Par exemple, sur Binance, nous pouvons activer cet indicateur sur un cours à l'échelle de 5 minutes par chandelier, mais aussi à l'échelle d'une journée par chandelier.

Chapitre 5 : Les bandes de Bollinger

Les bandes de Bollinger mesurent la volatilité du marché. Elles sont présentées par deux bandes évolutives englobant le cours du prix, ces bandes-là constituent l'étendu dans lequel le cours va évoluer. De ce fait, elles fonctionnent comme des « mini-supports » et des « mini-résistances » tout au long de l'évolution du cours avec un degré de précision plus élevé. Les bandes de Bollinger sont en plus très réactives. Quand le cours touche la bande du haut, un mouvement de descente est imminent ; quand le cours touche la bande du bas, un mouvement de hausse apparaît dans l'immédiat. Cette interprétation est particulièrement valable dans une situation de « range ». Le « range » fait référence à une forme particulière du cours, celle d'un canal, il est donc peu volatile, par opposition aux breakout haussiers et aux pullback baissiers où les cours sont visiblement ascendants ou descendants.

Les bandes de Bollinger dans une situation de « range » :

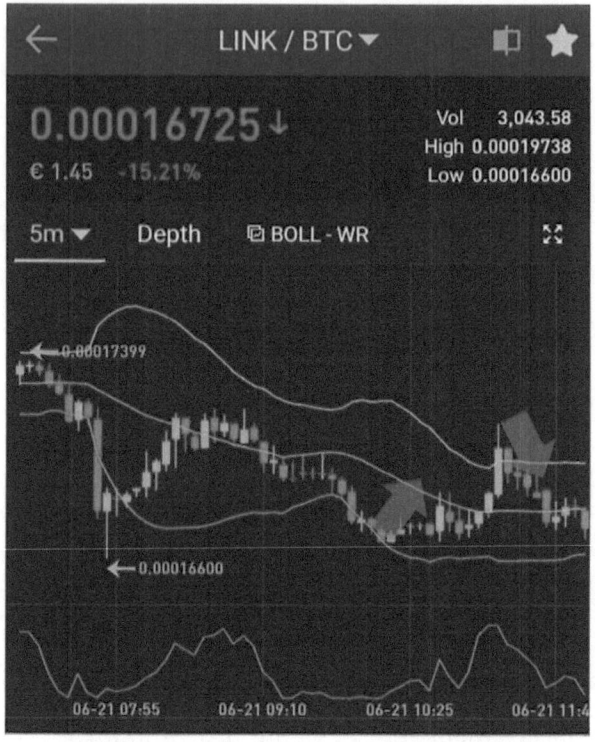

Dans une situation de breakout haussier, l'interprétation des bandes de Bollinger est différente, en effet, vous verrez qu'à l'intérieur des bandes de Bollinger, il y a une ligne évolutive au milieu, cette ligne est l'une des moyennes mobiles du cours. Dans un breakout haussier, c'est elle qui va constituer le support du cours. Ce qui veut dire, quand le cours touche cette ligne, la remontée est imminente.

Les bandes de Bollinger dans une situation de breakout

haussier :

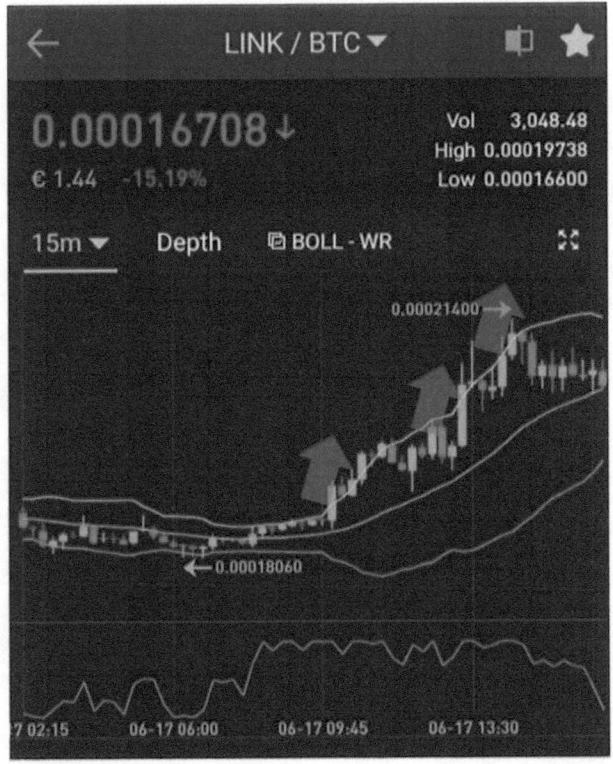

Dans une situation de pullback baissier, l'interprétation passe par le même principe, c'est la moyenne mobile qui va constituer le plafond, donc la résistance à laquelle va se heurter l'évolution du cours. Ce qui veut dire, quand le cours touche cette ligne, la descente est imminente.

Les bandes de Bollinger dans une situation de Pullback

baissier :

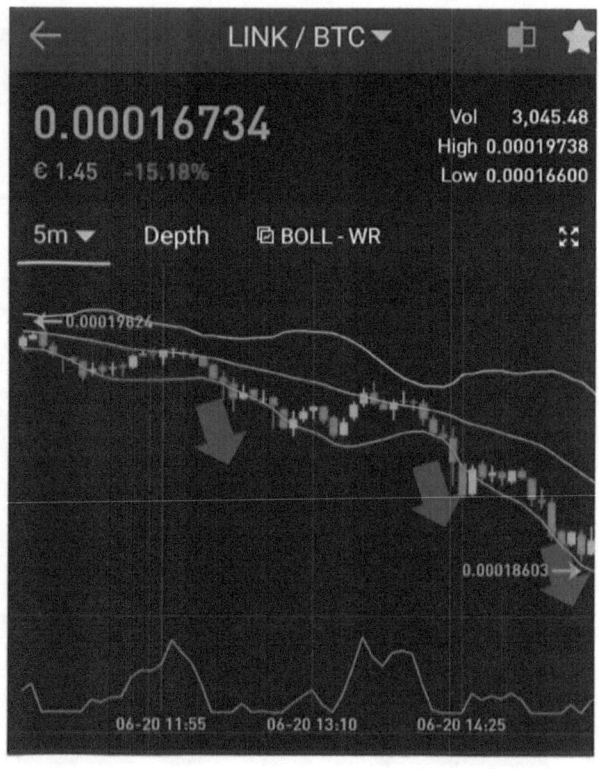

PARTIE II : 4 ÉTATS D'ESPRIT INDISPENSABLES EN TRADING DE CRYPTOMONNAIES

INTRODUCTION

Les états d'esprit dont je vais vous parler sont pour la plupart communs à d'autres types d'investissements, mais il est important de les mentionner et de les adapter aux types d'investissement que nous allons effectuer : les cryptomonnaies.

Chapitre 6 : Être patient

Tom Lee, un crypto-analyste pro-bitcoin, dit à juste titre que 70% de gains du prix de bitcoin se concentrent en seulement 10 jours. Ce qui veut dire, pendant 365 jours de l'année, le prix du bitcoin et ceux d'autres cryptomonnaies majeures vont se tasser sur une zone intermédiaire, c'est seulement pendant une période courte que leurs cours vont exploser.

La patience signifie donc, premièrement, que nous devons *attendre* le bon moment pour jouer gros et gagner gros. Autrement dit, **nous devons nous abstenir d'investir quand les signaux ne sont pas clairs** et ce, malgré la tentation de toujours faire quelque chose quand nous avons du liquide sur le compte. L'expérience montre encore et encore que cela est risqué et que le retour d'investissement - s'il y a - est très peu intéressant.

Mais nous n'allons bien évidemment pas trader que 10 jours par an, d'autant plus que nous ne savons pas quand ces 10 jours auront lieu. Par conséquent, la patience signifie deuxièmement que nous pouvons *choisir* d'investir *de temps en temps* grâce aux indicateurs techniques et ce, quelle que soit la situation dans laquelle nous nous trouvons : breakout haussier, pullback baissier ou range, et que parfois nous pouvons nous contenter de petits gains et ne pas nous laisser affectés par des petites pertes.

Enfin, troisièmement, la patience veut dire *ne pas se précipiter* quand nous sommes au milieu d'une opportunité. Imaginons que nous sommes déjà arrivés à ces 10 fameux jours de sprint, nous ne devons pas vendre au bout de 2 jours, ce qui nous ferait manquer un gros gain derrière, il serait judicieux d'attendre un peu plus pour maximiser les profits.

Vous aurez compris, nous luttons contre nos émotions dans tous les cas : impatience et frustration dans une situation de range ; peur et anxiété dans une situation de breakout ou de pullback. La solution à cela, c'est de pratiquer la patience à l'aide d'indicateurs techniques. Le contrôle de ses émotions est essentiel à l'investissement pour éviter une spirale négative se débouchant sur une panique, qui, par ailleurs, est un phénomène récurrent de la psychologie des investisseurs.

Chapitre 7 : Être contre-intuitif

Le marché est en effet dominé par la psychologie des investisseurs. Quand il y a une montée de prix importante, les gens vont commencer à investir massivement ; quand il y a une descente faramineuse du prix, ces mêmes personnes, dont nous faisons partie, vont tout vendre tout de suite sous panique.

Cette psychologie des investisseurs nous amène à la leçon suivante : **toujours suivre la tendance aussi longtemps que *la majorité* des investisseurs n'a pas encore investi ses capitaux.** En effet, c'est au moment où littéralement *tout le monde* se rue vers une « opportunité » que le marché va capricieusement opérer une volte-face, parce que c'est à cet exact moment que les baleines, c'est-à-dire les gros détenteurs de cryptomonnaies, commencent à vendre massivement, entraînant une chute vertigineuse du prix. Conséquences ? Panique de la masse et encore plus de chutes. Donc, retenez ceci : **investissez au début d'une tendance, soyez prudent au milieu d'une tendance et vendez <u>avant</u> la fin d'une tendance.** Je préciserai la durée approximative des tendances dans la section stratégie.

Par ailleurs, à la fin d'une tendance, non seulement vous devez vider votre portefeuille, vous pouvez même vous préparer à investir dans l'autre sens, c'est-à-dire à spéculer sur la descente grâce au trading de leviers qu'on va également parler.

CHAPITRE 8 : NE PAS ÊTRE CUPIDE

Le troisième état d'esprit est relativement connu, vous avez probablement déjà entendu parler. Là encore, on va extirper les émotions, il s'agit en particulier de la cupidité après les gains. Je vais définir prochainement, dans chaque stratégie, le seuil de gains raisonnables pour clore la position et prendre le profit. Sur Kraken, ainsi que sur d'autres plateformes, vous verrez notamment un type d'ordre appelé « take profit » qui vous offre la possibilité de fixer un seuil de gain - en pourcentage ou en valeur absolue - à partir duquel l'ordre se déclenche automatiquement.

Même s'il n'est pas nécessaire d'utiliser systématiquement ce type d'ordres, il est tout de même très utile pour éviter l'influence de nos émotions, d'autant plus que celles-ci agissent avec effet de cascade : la cupidité amène la déception qui amène la colère, laquelle peut ensuite même faire venir la dépression. Votre santé émotionnelle est importante, soyez raisonnable dans vos investissements, ce livre n'a pas pour but de vous faire devenir millionnaire avec des cryptomonnaies, mais plutôt d'avoir des gains confortables sans y passer trop de temps et d'efforts.

Le professionnel de trading qui surveille tout le temps le cours devant son ordinateur vous dira que ce n'est pas la chose la plus fun au monde. L'idée ici, c'est plutôt d'avoir des gains récurrents pour surajouter à vos autres revenus. En somme, gagner un peu, c'est bien aussi.

CHAPITRE 9 : ASSUMER DES PERTES

Un autre type d'ordre très commun qu'on peut trouver dans l'investissement en bourse et en cryptomonnaies, c'est « stop loss » - littéralement limiter les pertes, cet ordre consiste à placer un *seuil de déclenchement de vente* en valeur absolue ou en pourcentage.

Nous n'allons pas nécessairement mettre en place ce type d'ordre non plus, parce que les cryptomonnaies sont très volatiles, nous ferons mieux de les surveiller régulièrement, et nous privilégierons des ordres du type « limite », c'est-à-dire avec une valeur absolue que nous jugeons satisfaisante *sur le moment*. Une autre raison pour laquelle nous n'allons pas nécessairement utiliser l'ordre « stop loss » est parce que de toute manière, nous n'allons pas mettre tous nos capitaux dans les cryptomonnaies qui restent assez spéculatives à l'heure actuelle, ce qui veut dire que **nous n'investissons que ce que nous pouvons perdre**. En somme, utilisez l'ordre « stop loss » seulement si vous n'avez vraiment pas le temps de surveiller le cours.

L'existence même de ce type d'ordre nous montre que la perte est chose courante. Ainsi, le quatrième et le dernier état d'esprit que je souhaite vous parler est qu'il faut assumer les pertes lorsqu'elles arrivent. Les meilleurs investisseurs au monde ne peuvent garantir une réussite à 100%. Notre stratégie consiste en essence à maximiser les gains et à minimiser les pertes.

C'est pourquoi dans la partie suivante, vous verrez que toutes mes stratégies possèdent deux caractéristiques communes. La première est que je vais définir des seuils raisonnables à partir desquels nous pouvons encaisser les gains ou limiter les pertes. Et la deuxième est que je vous indiquerai le laps de temps raisonnable pour rester dans le jeu. Par exemple, si le cours commence à aller à l'encontre de nos prédictions, nous allons tout d'abord attendre - non pas vendre en mode panique – pendant un laps de temps *et ce, seulement* dans la limite du seuil de perte prédéfini. Vous avez donc deux critères alternatifs ici. Si l'un des critères est touché, on va tout vendre pour éviter de perdre trop, même si le cours fait une volte-face plus tard. L'idée ici est la suivante : il est toujours plus judicieux de limiter les pertes. Warren Buffet a dit qu'il y a une règle d'or en investissement, c'est de ne pas perdre, une deuxième règle est de se souvenir de la première. Rien n'est plus important ici que la sécurité. A long terme, nous préférons gagner peu que de perdre tout d'un coup.

Mais je vous rassure que nous venions d'évoquer le pire scénario imaginable. En réalité, si vous suivez les stratégies que je vous parlerai tout à l'heure, il y a largement plus de gains que de pertes. En un mot, perdre un peu, ça arrive, assumez les pertes momentanées et prenez des risques toujours de façon calculée.

Partie III : 5 stratégies efficaces pour gagner de l'argent avec Bitcoin et cryptomonnaies

INTRODUCTION

Nous voici arrivés au cœur du livre, je vais vous présenter les 5 stratégies que nous allons mettre en place dans l'investissement du bitcoin et d'autres cryptomonnaies. Ces stratégies vont vous permettre de gagner de l'argent rapidement.

Petit rappel de ce qu'on a vu avant de commencer : vous vous êtes déjà inscrit sur deux plateformes, une plateforme classique qui permet de trader entre devises fiduciaires et cryptomonnaies, une autre sur laquelle vous allez trader *uniquement* les cryptomonnaies entre elles, j'ai choisi Kraken pour la première et Binance pour la seconde. Vous avez désormais acquis les 4 états d'esprit dans l'investissement, à savoir être patient, être contre-intuitif, ne pas être cupide et assumer les pertes.

Intéressons-nous maintenant aux stratégies : elles sont au nombre de 5, chacune présentée dans un chapitre. Les 3 premières stratégies s'appliqueront à la plateforme classique et les 2 dernières à la plateforme spécialisée. Chaque chapitre est composé par des sections suivantes : « stratégie en une phrase », « ce dont vous avez besoin », « ce que vous devez comprendre » et « ce que vous devez faire » plus « l'exemple de cette stratégie mise en place ». Cette construction du chapitre rendra, j'espère, la lecture facile et compréhension rapide.

Chapitre 10 : L'effet de levier dans un breakout haussier

Stratégie en une phrase :

Maximiser les gains une fois le breakout haussier se confirme en activant l'effet de levier sur les cryptomonnaies majeures.

Ce dont vous avez besoin :

- Un compte sur Kraken ou toute autre plateforme classique
- Une alerte pour vous alerter des changements de prix

Exemple d'une application d'alerte du prix :

≡ Bitcoin Chart Widget	+
Kraken	+5.98%
BTCEUR	8 666,10
Kraken	+8.31%
ETHEUR	256,23
Kraken	+3.79%
XRPEUR	0.39234000
Kraken	+8.46%
BCHEUR	390,20
Kraken	+1.93%
REPEUR	16,11
Kraken	+5.26%
ETCEUR	7,95
Kraken	+5.82%
VHDEUD	96 60
Last updated : 21/06/19 12:21:41	

Je définis le déclenchement de l'alerte sur toutes les cryptomonnaies majeures éligibles à l'effet de levier, dès lors que l'amplitude de leurs changements de prix dépasse 3%, je reçois une alerte. Ce type d'alertes nous permet de réagir rapidement quand il y a un breakout haussier.

- Une relative disponibilité sur les prochaines

12h

Ce que vous devez comprendre :

- La notion de l'effet de levier

L'option de levier permet d'emprunter de l'argent au broker pour vendre ou acheter. Sur la plateforme Kraken, les options de levier pour un utilisateur commun vont de 2 fois à 5 fois. Ce qui signifie que nous pouvons emprunter jusqu'à 5 fois le montant de notre capital investi, et les cryptomonnaies éligibles aux options de levier sont les suivantes sur Kraken : BTC, XRP et ETH jusqu'à fois 5 ; BCH jusqu'à fois 3 ; REP, ETC et XMR jusqu'à fois 2.

Exemple d'un investissement avec effet de levier :

Si je dispose de 100 euros, en activant l'effet de levier avec multiplicateur 5, je peux investir 500 euros pour acheter du bitcoin. Tout sera multiplié par 5 : j'aurai 5 fois plus de gains s'il y a gains, 5 fois plus de pertes si je perds et dans tous les cas, 5 fois plus de frais de transactions. Concrètement, imaginons que le cours augmente de 1% seulement, j'aurais gagné 1 euro si je n'avais pas activé l'option de levier (sans compter les frais de transaction), mais j'aurais gagné 5 euros si j'avais activé cette option - toujours sans compter les frais de transactions qui tournent autour de 0,2% à 0,24% du capital investi pour un mouvement complet d'achat et de vente.

- La notion de supports (voir Partie I, chapitre 3)

<u>Ce que vous devez faire :</u>

1. Mettre en place une alerte de variations de 3% pour les cours de toutes les cryptomonnaies éligibles au trading de levier sur votre plateforme classique. Pour Kraken, ce sont BTC, XRP, ETH, BCH, REP, ETC et XMR
2. Recevoir une alerte de hausse de 3% sur une cryptomonnaie
3. Vérifier la tendance est *bien* haussière grâce au tracé du support
4. Investir *immédiatement* si le breakout est confirmé
5. Profiter du momentum pour avoir des gains de 3% à 5% du capital sans effet de levier, donc de 15% à 25% avec effet de levier
6. Recommencer si la tendance est toujours

haussière

7. Ne pas aller au-delà de la 3ème vague de croissance suivant le tracé du support

Exemple de cette stratégie mise en place :

A 10 heures du matin, je reçois une notification d'une croissance de 3% sur le cours du Bitcoin, je vais aller sur le graphique du Bitcoin et vérifier que la tendance haussière se dessine : soit le renversement d'une tendance baissière vers une tendance haussière, soit la confirmation de la sortie d'une situation de « range » par une tendance visiblement haussière.

Je retourne sur Kraken pour *immédiatement* acheter un montant raisonnable auquel j'applique l'option de levier fois 5 pour maximiser les gains. J'attends ensuite 6h à 12h pour vérifier le pourcentage de gains. Si ce dernier tourne autour de 3% à 5% - ce qui signifie un gain entre 15% et 25% avec l'effet de levier, j'encaisse les profits.

Un exemple graphique pour la stratégie 1 :

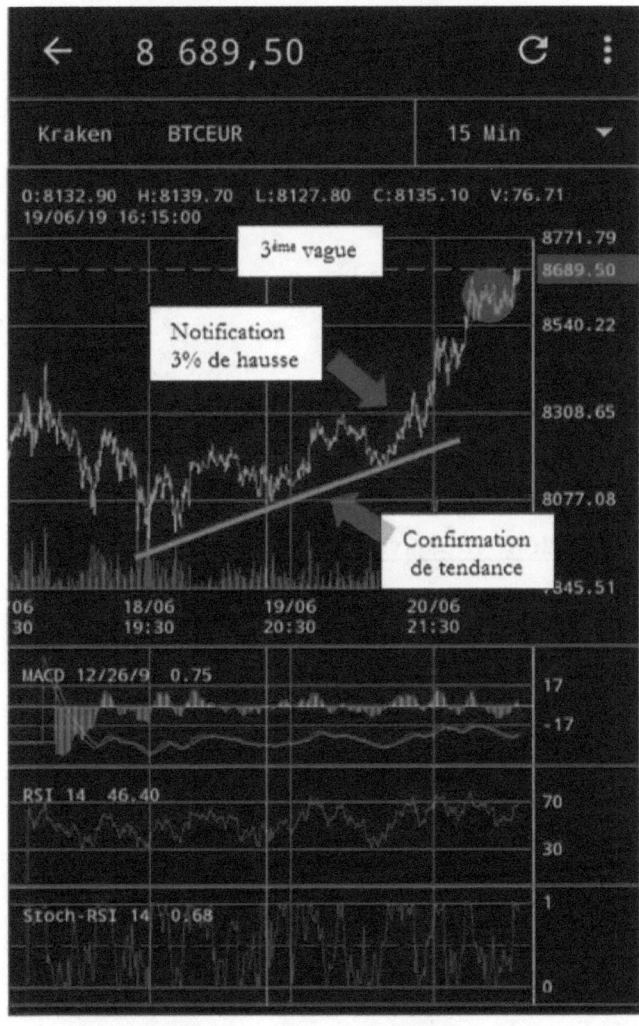

CHAPITRE 11 : L'EFFET DE LEVIER DANS UN PULLBACK BAISSIER

Stratégie en une phrase :

Maximiser les gains une fois le pullback baissier se confirme en activant l'effet de levier sur les cryptomonnaies majeures.

Ce dont vous avez besoin :
- Un compte sur Kraken ou toute autre plateforme classique
- Une application d'alerte pour vous alerter des changements de prix
- Une relative disponibilité sur les prochaines 12h

Ce que vous devez comprendre :
- La notion de l'effet de levier

Ici nous sommes dans la contraposée de la précédente. La puissance de l'option de levier est que nous pouvons même emprunter de l'argent pour *vendre* les cryptomonnaies. C'est ce qu'on appelle « short ». Ce qu'on fait essentiellement est d'emprunter l'argent du broker pour vendre et racheter l'actif à un prix plus bas, la différence constitue notre gain. On gagne donc sur la descente du cours et non plus sur sa montée.

Exemple d'un « short » avec option de levier :

Si je dispose de 100 euros, en ouvrant une position vendeuse sur une cryptomonnaie avec l'effet de levier multiplié par 5, je peux investir 500 euros pour vendre du bitcoin. Tout sera multiplié par 5 : j'aurai 5 fois plus de gains s'il y a gains, 5 fois plus de pertes si je perds et dans tous les cas, 5 fois plus de frais de transactions. Notez que les positions vendeuses ne sont possibles qu'avec l'effet de levier. Vous ne pouvez pas effectuer un « short » sur une cryptomonnaie qui n'est pas éligible à l'option de levier.

- La notion de résistance

<u>Ce que vous devez faire :</u>
1. Mettre en place une alerte de variation de 3% pour les cours de toutes les cryptomonnaies éligibles au trading de levier sur votre

plateforme classique. Pour Kraken, ce sont BTC, XRP, ETH, BCH, REP, ETC et XMR
2. Recevoir une alerte de baisse de 3% sur une cryptomonnaie
3. Vérifier que la tendance est *bien* baissière grâce au tracé de la résistance
4. Investir *immédiatement* si le pullback est confirmé
5. Profiter du momentum pour gagner de l'argent jusqu'à 3%, voire 5% du capital sans effet de levier, ce qui correspond à 15% et 25% avec effet de levier
6. Recommencer si la tendance est toujours baissière
7. Ne pas aller au-delà de la 3ème vague de baisse suivant le tracé de la résistance

L'exemple de cette stratégie mise en place :

A 16 heures de l'après-midi, je reçois une notification d'une baisse de 3% sur le cours de l'Ethereum, je vais aller sur le graphique de l'Ethereum et vérifier que la tendance baissière se dessine.

Un exemple graphique pour la stratégie 2 :

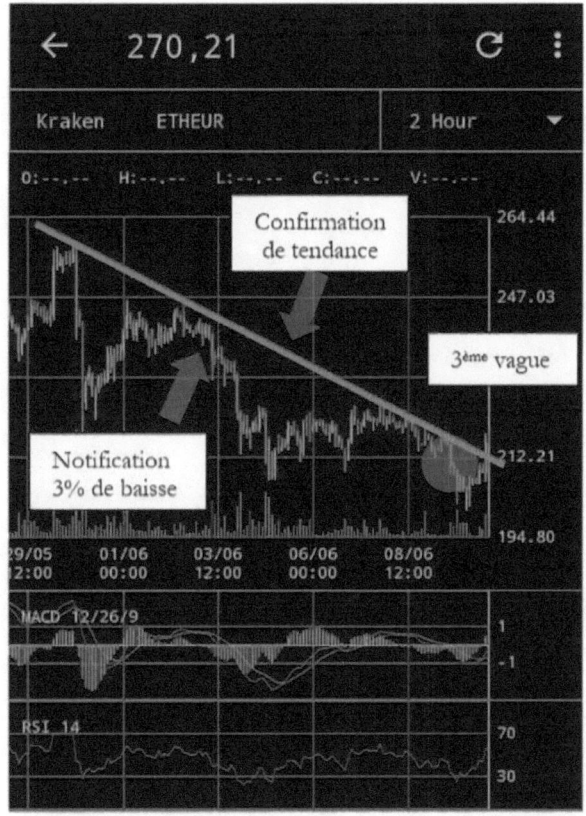

Je retourne sur Kraken pour *immédiatement* vendre un montant raisonnable auquel j'applique l'option de levier fois 5 pour maximiser les gains. J'attends ensuite 6h à 12h pour vérifier le pourcentage de gains. Si ce dernier tourne autour de 3% à 5% - ce qui signifie un gain entre 15% et 25% avec l'effet de levier, j'encaisse les profits.

Chapitre 12 : L'effet de levier dans un range

Stratégie en une phrase :

Assurer les gains sur les cryptomonnaies majeures dans un « range », avec l'effet de levier, grâce à l'indicateur RSI.

Ce dont vous avez besoin :

- Un compte sur Kraken ou toute autre plateforme classique
- Une application d'alerte pour vous alerter des changements de prix
- Une relative disponibilité sur les prochaines *24h*

Ce que vous devez comprendre :

- La notion de l'effet de levier

Dans un « range », c'est-à-dire lorsque le cours vacille dans un tunnel sans tendance visible, nous allons à la fois parier sur la montée *et* sur la descente, ce qui veut dire nous allons quelques fois activer l'effet de levier pour acheter, d'autres fois pour vendre. Nous allons donc alterner les stratégies 1 & 2 dans un laps de temps plus court.

- La notion de support *et* de résistance
- L'indicateur RSI (voir Partie I, chapitre 3)

Ce que vous devez faire :

1. Mettre en place une alerte au seuil de *2%* pour toutes les cryptomonnaies éligibles au trading de levier sur votre plateforme classique. Pour Kraken, ce sont BTC, XRP, ETH, BCH, REP, ETC et XMR.
2. Vérifier que le cours est *bien* dans un « range » grâce au tracé du support *et* de la résistance
3. Acheter *immédiatement* quand l'indicateur RSI passe en-dessous de 30 ; vendre *immédiatement* quand l'indicateur RSI passe au-dessus de 70
4. Encaisser des profits dès 1-2% de gains sans l'effet de levier, donc 5%-10% avec l'effet de levier
5. Recommencer si le cours est toujours dans un range

6. Ne pas aller au-delà du 3ème mouvement de va-et-vient

Exemple de la stratégie mise en place :

A 15 heures de l'après-midi, je reçois une notification d'un gain de 2% sur le cours de Bitcoin, je vais aller sur le graphique de Bitcoin et vérifier qu'il est dans un « range », j'active ensuite l'indicateur RSI (à l'échelle de 2h par chandelier) pour vérifier le niveau d'achat et de vente : si je vois qu'il passe au-dessus de 70, je vais immédiatement *vendre* en activant l'effet de levier. J'attends ensuite 12h à 24h pour vérifier le pourcentage de gains, si ce dernier dépasse 1%, ce qui signifie un gain de plus de 5% avec l'effet de levier, j'encaisse les gains.

Un exemple graphique avec la stratégie 3 :

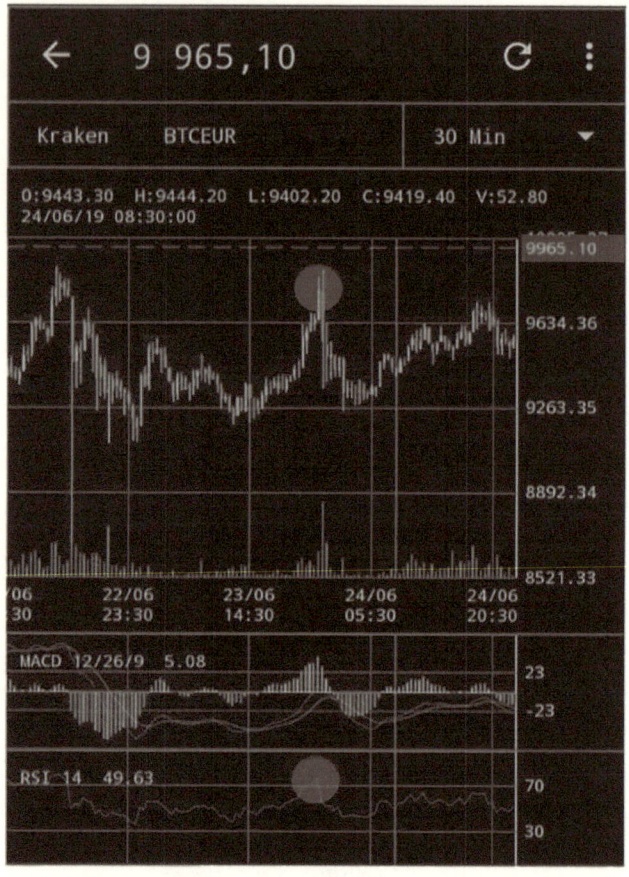

Le lendemain à 21 heures, je reçois une notification d'une baisse de 2% sur le cours de Bitcoin, je vais aller sur le graphique de Bitcoin pour vérifier qu'il est encore dans un « range », j'active ensuite l'indicateur RSI (à l'échelle de 2h par chandelier) pour vérifier le niveau d'achat et de vente, si je vois qu'il passe en-dessous de 30, je vais immédiatement *acheter* en activant l'effet de levier. J'attends ensuite 12h à 24h pour vérifier le pourcentage de gains, si ce dernier dépasse 1%, ce qui signifie un gain de plus de 5% avec l'effet de levier, j'encaisse les gains.

Chapitre 13 : « Day trade » sur Binance

Stratégie en une phrase :

Acheter et vendre sur du très court terme – une ou plusieurs fois par jour - avec les cryptomonnaies en vogue grâce aux bandes de Bollinger.

Ce dont vous avez besoin :

- Un compte Binance (Code 10% : P5SEE5T4)
- Une *grande* disponibilité dans l'heure qui suit

Ce que vous devez comprendre :

- La notion de « day trade »

Day trade, comme son nom l'indique, consiste non pas à investir sur le moyen terme – de plusieurs semaines à plusieurs mois, ni même sur le court terme de plusieurs jours, mais sur *le jour même*, ce qui veut dire qu'un mouvement d'achat et de vente est effectué en moins de 24h. Nous pouvons également investir *plusieurs fois* dans une

même journée, dans ce cas-là, nous parlons de scalping ou de micro-trading où le temps d'investissement peut parfois se réduire à plusieurs minutes si la volatilité est forte.
- La notion du support
- Les bandes de Bollinger

<u>Ce que vous devez faire :</u>

1. Vérifier la tendance des *cryptomonnaies majeures*, notamment celle du bitcoin car en général, quand le bitcoin monte fortement, les altcoins descendent. Le day trade est particulièrement intéressant **quand le bitcoin descend ou stagne.**
2. Identifier les cryptomonnaies les plus volatiles du jour sur Binance grâce au classement de performances
3. S'intéresser de plus près aux top 3 cryptomonnaies gagnantes du jour en activant les bandes de Bollinger sur l'échelle d'une minute jusqu'à l'échelle de 2h par chandelier.
4. Vérifier que les tendances sont haussières grâce au tracé du support

5. Attendre que le cours touche la moyenne mobile ou la partie inférieure des bandes de Bollinger
6. Investir 100% de votre bitcoin quand les critères précédents sont remplis
7. Encaisser les gains aussitôt que 1-2% de profits sont en vue
8. Recommencer ce processus autant de fois que la tendance est haussière

<u>Exemple de la stratégie mise en place :</u>

Cela fait quelques jours que le bitcoin présente une performance médiocre et ce n'est pas plus mal car nous pouvons investir sur les altcoins – toutes les cryptomonnaies alternatives à Bitcoin.

Je vais donc sur Binance pour voir s'il y a des cryptomonnaies méconnues mais qui sont particulièrement performantes aujourd'hui. Chose simple, j'ouvre l'application Binance et j'appuie sur « 24h Chg% » qui permet de classer toutes les cryptomonnaies existantes sur Binance par ordre de performance des dernières 24h. Immédiatement, je vois les top 3 performeurs du jour.

Le classement des cryptomonnaies par performance :

Pair / Vol	Last Price	24h Chg% ↓
GVT / BTC Vol 313	0.0003892 € 3.66	+25.39%
NEO / BTC Vol 4,412	0.001630 € 15.32	+20.74%
GXS / BTC Vol 947	0.0002475 € 2.33	+18.82%
REQ / BTC Vol 56	0.00000221 € 0.02	+16.93%
CND / BTC Vol 72	0.00000159 € 0.01	+16.91%
VET / BTC Vol 546	0.00000071 € 0.01	+16.39%
XVG / BTC Vol 355	0.00000093 € 0.01	+16.25%
NEBL / BTC Vol 52	0.0001105 € 1.04	+14.86%

Genesis Vision ? Neo ? GXChain ? Ce sont des cryptomonnaies ça ? J'ouvre leurs chartes respectives et elles ont bel et bien entamé leurs croissances de 15%, 20% et 30% ?! Grâce au tracé de support, je conclus que la tendance reste bonne, j'active donc les bandes de Bollinger sur la plus petite échelle, celle d'une minute pour réaliser des gains à la minute. En raison de **forts volumes** sur ces cryptomonnaies, je remarque que <u>toutes les 5 minutes environ, leurs cours touchent soit la moyenne mobile, soit la partie inférieure des bandes de Bollinger.</u> Je sais que ce sont les deux moments où il faut acheter. C'est maintenant ou jamais car le cours évolue vite. J'investis donc *100%* de mes bitcoins *dans l'une* des cryptomonnaies majeures. Sans surprise, 5 minutes plus tard, 2% de gains sont réalisés.

Chapitre 14 : Trading de tunnel sur Binance

Stratégie en une phrase :

Maximiser ses gains dans un breakout haussier suite à une période de tunnel

Ce dont vous avez besoin :

- Un compte Binance (Code 10% : P5SEE5T4)
- Une *relative* disponibilité sur les prochaines 48h

Ce que vous devez comprendre :

- La notion de « tunnel »

Le tunnel désigne graphiquement le cours d'une cryptomonnaie dont les volumes et la volatilité sont faibles, il connaît peu de variations, c'est pourquoi son cours ressemble à un tunnel.

- Historique de cette cryptomonnaie

Nous allons vérifier si *auparavant* cette cryptomonnaie a de bonnes performances de hausse car il y a fortes probabilités que de situations similaires se reproduisent

- La notion de support et de résistance
- Les bandes de Bollinger

Ce que vous devez faire :

1. Feuilleter les chartes des cryptomonnaies dans Binance pour voir s'il y en a qui sont dans un tunnel
2. Trouver celles qui sont dans un tunnel grâce aux bandes de Bollinger et vérifier l'historique de ces cryptomonnaies : est-ce qu'elles ont connu des pics de hausse ou est-ce qu'elles ont toujours été descendantes ?
3. Trouver celles qui ont de bonnes performances de hausse dans le passé et tracer les supports et les résistances
4. Investir un *montant raisonnable* quand le tunnel présente une tendance ascendante grâce au tracé de support
5. Attendre 48h pour voir s'il y a breakout haussier
6. Encaisser des gains à partir de 3%, jusqu'à 10%

Exemple de la stratégie mise en place :

Le marché n'a pas de nouvelles excitantes depuis quelque temps, cela ne m'empêche pas de feuilleter sur Binance à mes heures perdues. Un jour, je vois une cryptomonnaie qui présente un cours en forme de tunnel et qui dit tunnel, dit un mouvement brusque bientôt. Nous devons vérifier si ce mouvement sera descendant ou ascendant.

Un exemple graphique pour la stratégie 5 :

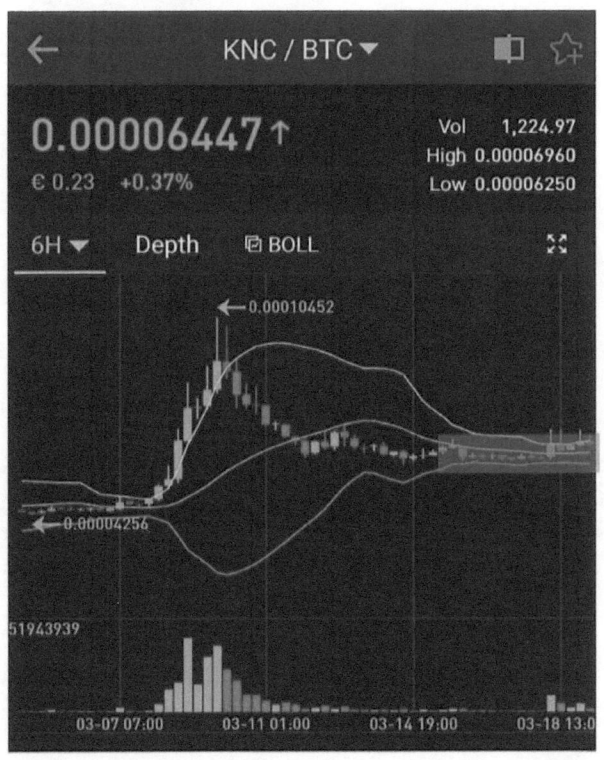

Je m'intéresse donc de plus près à cette cryptomonnaie en vérifiant notamment son historique et son classement. Je me suis rendu compte qu'il y a eu des situations similaires dans le passé : un breakout haussier suite à un tunnel, puis cette cryptomonnaie est plutôt bien classée. (Le ranking est dans l'onglet de description sur Binance)

Je vois que cela fait plusieurs jours qu'elle est dans un tunnel. J'en conclus que le breakout haussier, s'il aura lieu, ne va pas se tarder. J'investis donc un montant *raisonnable* de mon bitcoin pour espérer la hausse de cette cryptomonnaie. Et heureusement, 36h plus tard, un breakout haussier a lieu. Le gain est très satisfaisant : 10% sans effet de levier, chose inhabituelle à la bourse, surtout pour une durée d'investissement aussi courte. Notez que sur Binance, il n'y a pas d'effet de levier, ce qui signifie que nous ne faisons qu'acheter, et que 1% de gain signifie 1% de gains auxquels on doit enlever les frais de transactions qui sont de 0,2%, dont 0,1% pour un mouvement d'achat et 0,1% pour un mouvement de vente, et bien sûr, tout cela s'applique à un compte commun avec un volume mensuel de moins de 100 bitcoins.

Updates 2021 : Binance a beaucoup évolué, il y a de plus en plus de produits financiers, des dérivés financiers qui sont disponibles. J'adopte toujours la même stratégie, c'est-à-dire que je n'utilise pas l'effet de levier sur Binance. Je vous parlerai plus en détail mes stratégies nouvelles à partir de 2021 dans une grande partie V à la fin.

Partie IV : 6 secrets pour ne jamais perdre

Introduction

Avec les états d'esprit de la Partie I, vous diminuez déjà sensiblement vos risques de perte. C'est pourquoi il est important de les intégrer avant d'entamer cette dernière partie.

Dans cette dernière partie, nous allons parler de quelques principes plus spécifiques, *plus chiffrés* à nos stratégies d'investissement et le but reste le même : ne pas perdre.

On n'a pas forcément l'ambition d'être un bitcoin millionnaire, mais nous pouvons tout à fait espérer faire partie du « club des détenteurs d'un bitcoin entier », chose relativement rare aujourd'hui. En effet, selon des statistiques récentes, il y a actuellement moins d'un million de personnes dans le monde qui possèdent plus d'un bitcoin entier. La plupart des gens ont seulement des fractions de bitcoin. Par ailleurs, selon les prédictions de Gary Vaynerchuk, un entrepreneur pro-bitcoin, il sera quasiment impossible d'avoir un bitcoin entier dans pas très longtemps…Parallèlement, les altcoins qui pullulent aujourd'hui vont être rapidement éliminées dans un futur proche au profit du bitcoin selon les bitcoins maximalistes, c'est-à-dire les gens qui croient en suprématie de bitcoin. Dans tous les cas, il est sage de notre part de cumuler les cryptomonnaies majeures à long terme. Nous allons justement voir ensemble les quelques secrets pour ne jamais perdre.

CHAPITRE 15 : ENCAISSER DES PROFITS DÈS 2% À 3% DE GAINS

Quelle que soit la stratégie, je considère un gain de 2% raisonnable, parfois même, je prends profit dès 1% de gains. Les opportunités sur les cryptomonnaies sont nombreuses, s'il est vrai que parfois, on pourrait éventuellement obtenir un gros gain de 10% si on avait attendu 12h de plus, il est cependant plus sûr de nous contenter des petits gains sur le long terme. De plus, 2% de gains sont beaucoup plus faciles à réaliser *tous les jours* qu'un gain de 10% qui est plus aléatoire. Dans tous les cas, un gain de 2% obtenu régulièrement est en soi déjà très intéressant par rapport à d'autres types d'investissement comme la bourse.

Notons une particularité de la stratégie numéro 4 : le day trade sur Binance, c'est dans cette stratégie seule que j'ai conseillé d'investir 100% de votre capital. En réalité, c'est une stratégie basée sur l'effet cumulé : imagions que toutes les semaines, je réalise 2% de gains – ce qui est une projection de gain tout à fait raisonnable, voire conservatrice - sur un capital de départ de 1000 euros. Au bout d'un an, soit 52 semaines plus tard, mon capital deviendra 2800 euros, ce qui correspond à un gain de 280% sur l'année même si chaque investissement individuel ne me rapporte que 2% du capital investi. C'est ça la puissance de l'effet cumulé qui demande d'investir et de réinvestir 100% de notre capital à chaque fois. Pour le premier investissement, j'ai 1000 euros de capital, 1020 euros pour le deuxième en admettant que j'ai réalisé un gain de 2% sur le premier et ainsi de suite. De cette manière, mon capital d'investissement devient de plus en plus conséquent à chaque occasion et en peu de temps, j'aurais réalisé des gains importants.

Chapitre 16 : Attendre que la tendance soit claire

L'une des erreurs la plus facile à commettre, c'est de se précipiter. Comme j'avais mentionné plus haut, nous sommes souvent impatients de fructifier notre capital. Le deuxième secret pour ne pas perdre, est donc d'**attendre que la tendance soit claire** en se fiant aux indicateurs techniques.

Ce secret s'applique en particulier aux stratégies 1&2 sur Kraken où nous allons activer l'effet de levier et qui dit l'effet de levier, dit 5 fois plus de gains mais aussi 5 fois plus de pertes. Nous devons donc être particulièrement prudents quand nous utilisons ces deux stratégies, concrètement, ça veut dire que nous devons attendre que la tendance soit visiblement haussière pour acheter ou visiblement baissière pour vendre.

Il vaut mieux sécuriser nos euros que se jeter sur des opportunités incertaines. Par exemple, lorsque le cours tombe de 3%, la stratégie 2 nous commande de faire un « short » pour profiter de la tendance baissière, mais nous devons nous abstenir d'agir sans avoir au préalable vérifié les indicateurs techniques car le cours risque en effet de remonter au cas où nous ne sommes pas dans un pullback baissier confirmé. De même, quand vous recevez une alerte de changement de prix de +3%, la stratégie 1 voudrait que vous achetiez immédiatement pour profiter de la tendance haussière, mais attention, ce changement ne signifie pas nécessairement que nous sommes dans une situation de breakout haussier, ce n'est donc pas forcément une opportunité d'achat non plus. Il faut vérifier au plus près les indicateurs techniques tels que le support et l'indicateur RSI.

Ainsi donc, les stratégies 1&2 qui consistent à parier gros sur les tendances unidirectionnelles ne doivent pas être déployées trop hâtivement, elles ne sont gagnantes que si les tendances sont réellement haussières ou baissières. Le risque est de croire que nous sommes dans ce type de situations alors que nous sommes plutôt dans un range.

Chapitre 17 : Attendre encore 12h à 24h

Ce principe d'attente d'au moins 12 heures est tiré de mes expériences personnelles. Nous pouvons rarement - si ce n'est jamais - d'acheter au plus bas et vendre au plus haut. C'est en effet impossible de prédire avec exactitude les meilleurs moments d'investissement. Nous ne pouvons prédire qu'approximativement grâce aux indicateurs techniques et c'est déjà chose heureuse. Tout cela signifie que nos prédictions – si elles s'avèrent être correctes – ne se manifestent pas tout de suite en général. En un mot, **il faut attendre après avoir investi.** Et ce principe d'attente s'applique aussi bien quand on cherche à gagner que quand on veut limiter les pertes.

Par exemple, si je prédis que le prix va augmenter prochainement et je décide d'investir. Or, 3 heures après mon investissement, le prix reste plat, il n'a pas bougé ou il n'a augmenté que timidement. Au lieu de vendre sans rien gagner ou en gagnant des miettes, tout en offrant des frais de commission aux brokers, je vais attendre 12 heures car il est probable qu'au bout de ce laps de temps, le prix va augmenter drastiquement selon nos prédictions.

De même, si 3 heures après mon achat, le prix a descendu au lieu d'augmenter. Je serais à ce moment tenté de vendre par peur de perdre encore plus, mais je pourrai aussi décider d'attendre encore 12 heures. Et il se trouve que le cours va bientôt opérer un retournement de tendance, juste le temps qu'il touche le support.

Mais comment peut-on savoir si la tendance va vraiment à l'encontre de nos prédictions ? Autrement dit, quand est-ce qu'il faut réellement vendre pour limiter les pertes dans un « long » et acheter pour limiter les pertes dans un « short » ?

Premièrement, une mauvaise prédiction de tendance est rare si on applique nos stratégies en suivant les indicateurs techniques. Si toutefois cela arrive, nous appliquons une limite à notre principe d'attente qui est le seuil de 24h. Au-delà de 24h sans signe favorable, nous pouvons placer un ordre pour limiter nos pertes - pourvu qu'elles soient encore peu, ou encaisser nos gains - aussi minimes qu'ils soient.

Pourquoi 24h ? Premièrement, c'est une durée raisonnable pour que nos prédictions aient lieu car nos investissements se font à base d'indicateurs *très réactifs*, ce qui veut dire que **nos prédictions vont normalement se réaliser rapidement, pas quelques jours plus tard.** Deuxièmement, c'est une manière d'extirper nos émotions dans notre investissement. En appliquant notre limite de 24h à notre principe d'attente de 12h, nous éliminons l'espoir d'une issue favorable. Même si plus tard, le prix évolue réellement dans le sens favorable, nous aurions tout au plus manqué des gains, mais si le prix continue dans le sens défavorable, nous aurions rationnellement évité les pertes.

Chapitre 18 : Profiter d'une ou deux vagues

Ce secret s'applique aux stratégies 1, 2 et 5 où nous sommes dans des tendances fortes et unidirectionnelles. En général, ces tendances possèdent 3 vagues, c'est-à-dire trois fortes hausses accompagnées respectivement par trois petites corrections ou trois fortes baisses accompagnées respectivement par trois petites corrections. Après cela, la tendance s'essouffle, soit elle entre dans une situation de « range », soit elle repart dans l'autre direction, donc un retournement de tendance.

Un breakout haussier connaît en général 3 vagues de croissance :

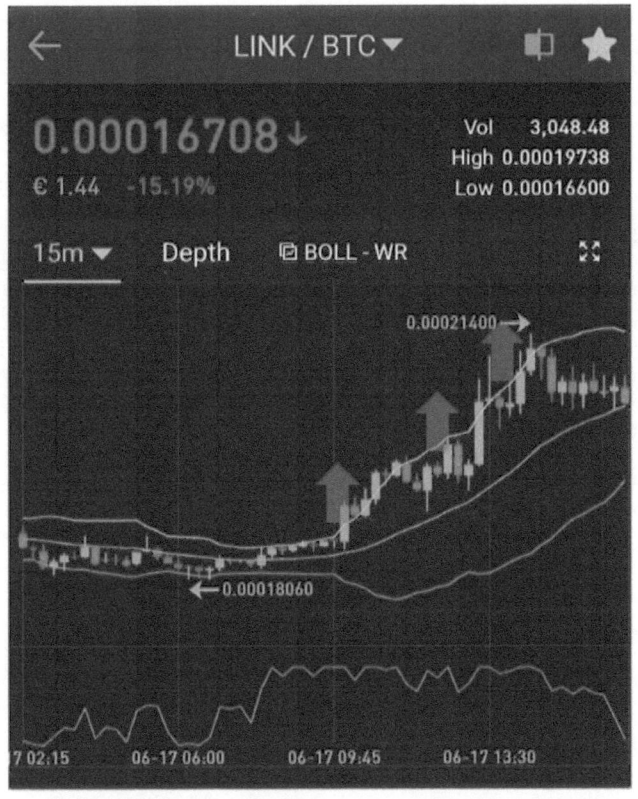

La conséquence à cette observation est que nous pouvons profiter non pas d'une seule fois la tendance, mais deux, voire trois fois en théorie. Mais en pratique, il faut limiter nos investissements à deux vagues maximums pour ne pas prendre de risque. Profiter d'une ou deux vagues dans une tendance forte est l'option la plus sage car si nous allons au-delà, celui-ci risque d'opérer un retournement de tendance avant qu'on puisse réagir, nous pouvons potentiellement voir tous nos gains s'effacer. De plus, nous n'investissons rarement à l'exact moment où une tendance commence, ce qui signifie que nous sommes souvent déjà au milieu de la première ou de la deuxième vague quand nous investissons, c'est une raison de plus de ne pas espérer profiter de toutes les trois vagues d'une tendance.

Chapitre 19 : Placer des ordres du type « take profit » et « stop loss »

Sur Kraken, vous avez la possibilité de placer des ordres appelés « take profit » et « stop loss ». Comme leurs noms l'indiquent, ils permettent de prendre les profits et arrêter les pertes grâce à une exécution automatique à partir d'un certain seuil que vous définissez - en nombre absolu ou en pourcentage. Par exemple, imaginons que j'ai acheté du bitcoin à 6000 euros l'unité et j'identifie 6300 euros l'unité comme la résistance, je peux mettre un ordre du type « take profit », soit avec les consignes de vente quand le prix à l'unité aura touché 6240 euros – en dessous de la résistance pour être sûr, soit avec les consignes de vente quand le prix à l'unité aura augmenté de 4% - ce qui revient au même. Ce type d'ordre vous permet de vous libérer, vous n'avez pas besoin de surveiller constamment le prix, vous pouvez placer vos ordres en fonction des lignes résistances identifiées.

L'interface pour passer un ordre « take profit » sur Kraken :

De même, imaginons que j'ai acheté du bitcoin à 6000 euros l'unité et j'identifie 5700 euros l'unité comme le support, je peux mettre un ordre « stop loss », soit avec les consignes de vente quand le prix à l'unité aura touché 5760 euros, soit avec les consignes de vente quand le prix à l'unité aura diminué de 4%. Vous pouvez placer ce type d'ordre suivant les lignes de support identifiées.

L'interface pour passer un ordre « stop loss » sur Kraken :

Utilisez donc ces types d'ordre quand vous avez peu de disponibilités et rappelez-vous que dans chaque stratégie, j'ai mentionné la durée de disponibilité souhaitée : 12h, 24h ou 48h.

Chapitre 20 : Alterner les stratégies sur Binance et sur Kraken

Nous avons vu ensemble les 5 stratégies pour gagner de l'argent rapidement avec Bitcoin et d'autres cryptomonnaies. Les 3 premières se déploient sur Kraken et les 2 dernières sur Binance. Nous allons maintenant optimiser le déploiement de nos stratégies grâce à une vue d'ensemble. Nous allons notamment répondre aux questions suivantes : quelles sont les stratégies à privilégier et à quels moments ? Faut-il plutôt trader les devises fiduciaires contre les cryptomonnaies majeures ou plutôt le bitcoin contre les autres cryptomonnaie ? Ces questions sont importantes car il y a bien un temps où il faut déployer les stratégies 1, 2, 3 et un autre, les stratégies 4, 5.

Quand le cours du bitcoin monte, investissez sur une plateforme classique avec les devises fiduciaires car **les cours des top 10 cryptomonnaies**

s'alignent rapidement sur celui du Bitcoin. Autrement dit, leurs valeurs intrinsèques évoluent dans la même direction que celle du bitcoin. Vous avez tout à gagner en activant l'effet de levier sur les Top 10 cryptomonnaies majeures éligibles à cette option. En revanche, les cryptomonnaies mineures sur Binance vont descendre car leurs valeurs intrinsèques restent les mêmes, alors même que leurs prix se calculent par rapport au prix du bitcoin à l'unité, par conséquent, le rapport cryptomonnaie X contre bitcoin va descendre, ce qui veut dire tout simplement que leurs prix vont descendre. A ce moment, n'investissez surtout pas dans ces cryptomonnaies mineures, et si vous avez déjà ces cryptomonnaies mineures en main au moment où le bitcoin monte en flèche, il faut vider votre portefeuille et vous orienter vers les cryptomonnaies majeures au plus vite car les cryptomonnaies mineures risquent en effet de perdre toutes leurs valeurs.

Dans le cas contraire où le cours du bitcoin descend, vous avez TOUT à gagner sur les cryptomonnaies mineures, ce sont de véritables aubaines pour gagner rapidement du bitcoin, on pourrait doubler son capital en bitcoin en quelques jours seulement. Les raisons sont simples : premièrement, comme j'avais expliqué, le cours des cryptomonnaies mineures se calculent par rapport au prix du bitcoin à l'unité sur Binance, quand ce dernier descend, le ratio cryptomonnaie X contre bitcoin va augmenter, ce qui veut dire simplement que les prix des cryptomonnaies mineures vont augmenter. Deuxièmement, quand le bitcoin plombe, le public s'en désintéresse et se tourne vers les cryptomonnaies mineures pour chercher des opportunités, des nouvelles pépites. Ces dernières vont donc voir leurs prix flamber. Vous verrez que pendant une période de morosité pour Bitcoin, quelques cryptomonnaies mineures vont inévitablement jouer à la fanfare : 50% de gains sur 24h est monnaie courante.

En résumé, **alternez vos stratégies en fonction de la tendance générale du bitcoin**, s'il augmente, allez sur une plateforme classique pour trader les devises fiduciaires contre les tops 10 cryptomonnaies majeures tout en pensant à l'effet de levier ; s'il descend, allez sur une plateforme spécialisée pour trader le bitcoin contre les cryptomonnaies mineures.

Partie V : Stratégie d'investissement à partir de 2021

INTRODUCTION

Le temps passe vite, environ 2 ans après la première édition, il est temps de faire une mise à jour du livre. Beaucoup de choses se sont passées depuis. Est-ce que j'investis toujours ? Oui. Est-ce qu'on peut toujours entrer dans le marché si on est débutant ? Oui. Est-ce que les stratégies expliquées auparavant fonctionnent toujours ? Oui.

Cependant, le marché est devenu plus dynamique et complexe que jamais. <u>On compte à l'heure actuelle plus de 9,000 cryptomonnaies échangeables sur les diverses plateformes.</u> Il est plus que jamais facile de PERDRE car de plus en plus d'acteurs entrent en jeu et certains sont là pour arnaquer les investisseurs individuels. En effet, il n'est pas très compliqué de créer une cryptomonnaie techniquement parlant, beaucoup font une copie de la technologie bitcoin et donne un nom spécial à leur cryptomonnaie avant de la mettre en circulation sur le marché. Une fois mise sur marché, ils font des pubs partout, sur les réseaux sociaux, avec des influenceurs, etc. Quand les investisseurs individuels achètent, ils vendent tout et disparaissent avec cet argent.

Dès lors, comment j'investis désormais, quelles sont les nouvelles stratégies, quelles sont les méthodes d'investissement qu'on peut adopter pour les années à venir, notamment de 2021 à 2023 ? Voyons cela dans cette nouvelle partie.

Chapitre 21 : Le principe pivot à partir de 2021

La nouvelle leçon la plus importante de toutes est qu'**on doit cumuler les bitcoins sur le long terme.** Les Top 10 cryptomonnaies sur Kraken ont changé maintes fois, on voit tomber dans le classement les cryptomonnaies les plus cotées en 2019 comme XMR, XRP. On voit monter en flèche les nouvelles stars comme DOGE, FIL, BNB. Mais la place du bitcoin ne change jamais tout simplement parce qu'elle est la première cryptomonnaie de tous les temps, être premier est en soi une valeur intrinsèque. On se souvient toujours du premier. **Elle a une valeur narrative,** c'est-à-dire que les histoires se construisent autour de la légende et les gens y croient, osent acheter et par conséquent, le prix augmente. De toute façon, la valeur réelle du bitcoin est difficile à déterminer, de nombreuses institutions l'estiment à environ 300,000 dollars par unité à l'horizon 2025. C'est tout à fait possible quand on prend en compte les narrations, les récits autour de cette légende, quelque chose a de la valeur parce qu'on pense et qu'on dit qu'il a, point. Donc, a priori, il y aura un pic du marché haussier en fin 2021, puis une grosse chute puisque l'histoire se répète. Mais si on projette jusqu'en 2025, je suis optimiste.

En revanche, en ce qui concerne les autres cryptomonnaies, les prix sont plus imprévisibles. Plusieurs facteurs entrent en jeu :
- <u>Le maniement des institutions</u> : on verra cela dans le chapitre suivant, en gros, quand une institution s'intéresse à une cryptomonnaie en particulier, elle va augmenter.
- <u>Nouvelle technologie</u> : Le marché des cryptomonnaies est désormais départagé par plusieurs technologies innovantes, si on résout de nouveaux problèmes, si on peut avoir de nouvelles applications dans le monde réel, si on développe des algorithmes plus performants, alors ces nouvelles cryptomonnaies vont avoir une valeur intrinsèque intéressante et attirent par conséquent les investisseurs.

- <u>L'influence médiatique et des personnalités</u> : l'exemple incontournable est Dogecoin, en raison de plusieurs tweets d'Elon Musk, cette cryptomonnaie est effectivement allée à la lune au niveau du pourcentage de hausse. Alors, est-ce veut dire que Dogecoin n'a pas de valeur intrinsèque ? En fait si, Dogecoin vise à s'appliquer sur la culture des pourboires. Avec son design hilarant, on peut très bien imaginer un futur proche où on donne des pourboires en Dogecoin aux serveurs.

Alors quel est le principe pivot à partir de 2021 ? Je l'ai mentionné au début : **cumuler les bitcoins.** Sa place est inébranlable, toutes nos transactions sur les plateformes d'échange reviennent à un seul but : acquérir plus de bitcoins.

Chapitre 22 : S'aligner avec les institutions

Il est plus que jamais facile de perdre avec plus de 9000 cryptomonnaies échangeables sur le marché. Il faut par ailleurs faire attention aux diverses plateformes existantes, certaines peuvent avoir des problèmes de retrait d'argent. Il faut donc trouver des plateformes sûres.

Alors la question est : comment trouver les cryptomonnaies qui ont de la valeur à long terme ? L'une des façons sûres est de s'aligner aux fonds d'investissement, notamment Grayscale. Ce fonds d'investissement a pour actif principal, à hauteur d'environ 70% le bitcoin et le reste est constitué par 12 autres cryptomonnaies. Ce qu'il faut savoir est que Grayscale est le seul canal d'investissement de cryptomonnaies pour les fonds de retraite américains, autant vous dire qu'on ne peut se permettre de perdre cet argent. En quoi cela nous intéresse ? Eh bien, si on choisit d'investir dans l'une ou plusieurs de ces 13 cryptomonnaies, on est plus certain du retour sur investissement, on minimise le risque de perte. **Les données de Grayscale sont disponibles sur Internet, accessible à tout le monde**, on retrouve la quantité de cryptomonnaie détenue, la capitalisation de ce fonds, le prix de revient de Grayscale quand ils investissent, la variation de détention des dernières 24h, de 7 derniers jours et de 30 derniers jours. Avec ces données, non seulement on sait dans quoi ils investissent, on sait également quand ils le font et à quelle hauteur. Vous pouvez même constituer un portefeuille qui calque sur celui-ci.

Il y a aussi une autre entreprise d'investissement qui s'appelle Pantera Capital, c'est un capital risque (venture capital) qui s'intéresse aux projets naissants, ils se focalisent actuellement sur la technologie blockchain, on voit dans leur portefolio plusieurs cryptomonnaies échangeables sur le marché : FIL, CVC, MATIC, etc. Le métier de Pantera Capital a trois branches principales : un fonds d'investissement de 10 à 15 cryptomonnaies en circulation, un capital risque des cryptomonnaies en stade de conception et un fonds d'investissement passif de Bitcoin qui consiste seulement à investir et stocker du bitcoin pour leurs clients.

Chapitre 23 : Le minimalisme en investissement

La stratégie gagnante dans un marché haussier est différente de celui baissier. Dans un marché haussier, il vaut mieux minimiser le nombre de transactions et **essayer d'obtenir un maximum de gains à chaque fois où vous investissez dans une cryptomonnaie.** En plus de tous les indicateurs dont on a parlé, j'attire votre attention en particulier sur la moyenne mobile exponentielle (EMA) qui est plus réactive que la moyenne mobile (MA), leur différence est dans la pondération, EMA prend en compte davantage les prix récents. En règle générale, quand un cours passe au-dessus de la EMA50, elle entre dans une phase de croissance. Vous pouvez doubler votre capital en suivant ce seul indicateur et rien d'autres car des cryptomonnaies deviennent haussières l'une après l'autre à l'heure dans un marché haussier. Dans un marché haussier, on n'a pas de temps à perdre, il faut vider le plus rapidement possible toutes les cryptomonnaies qui sont dans un

« tunnel », on ne peut se permettre d'attendre une cryptomonnaie morose, le coût du temps est gigantesque quand on sait que tous les jours, des dizaines de cryptomonnaies dépassent la EMA50 et partent à la hausse.

Ma stratégie actuelle est la suivante : **j'investis seulement dans le bitcoin dans un marché haussier, je vends tout mon bitcoin pour USDT quand le marché devient baissier, puis je rachète du bitcoin à un prix plus bas et le détiens à long terme jusqu'au prochain cycle haussier.**

Il y a plusieurs choses à expliquer ici. Pourquoi j'investis seulement dans le bitcoin maintenant ? Parce que c'est la cryptomonnaie la plus sûre à long terme. C'est quoi USDT ? C'est le dollar digitalisé, vous pouvez le considérer comme de la monnaie fiduciaire, c'est pour éviter de faire des virements vers des comptes bancaires, on peut détenir des monnaies fiduciaires titrisées dans le portefeuille sur Binance. Donc quand je détiens USDT, je détiens de l'argent liquide, immunisé contre les crashs du marché des cryptomonnaies. La stratégie ici est ultra simple : acheter en bas, vendre en haut et éviter les transactions trop fréquentes, à long terme, on cherche à cumuler du bitcoin et on ne trade jamais contre la tendance générale.

Chapitre 24 : Placement axé sur la valeur

Vous pouvez sentir que désormais nous adoptons de plus en plus une approche axée sur la valeur d'un actif, ce faisant, on spécule moins et on investit plus. Auparavant, dans l'édition 2019, je vous ai parlé de 5 stratégies d'investissement qui sont assez spéculatives. Ces stratégies fonctionnent toujours parce que le marché des cryptomonnaies reste très volatile et qu'il y a de nombreuses opportunités. Mais essentiellement, ça reste du pari. A partir de 2021, je vous conseille d'adopter la philosophie chère à Benjamin Graham et à Warren Buffet : investissement axé sur la valeur. Que font les légendes pour investir dans les actions boursières ? C'est ultrasimple, ils regardent les rapports financiers, si le revenu d'entreprise est élevé et l'action sous-cotée, ils investissent, si le revenu d'entreprise se ralentit, l'action surcotée, ils vendent. Tout ce qui se rapporte aux indicateurs techniques ne parle pas à Warren Buffet, ce sont selon lui des tentatives vaines pour essayer de prédire le mouvement du marché, or, **on s'en fiche des fluctuations des cours parce que Monsieur le Marché est toujours capricieux**, en revanche, le prix d'une entreprise va refléter sa valeur intrinsèque un jour ou un autre, nonobstant ces fluctuations. C'est pourquoi Warren Buffet garde des actions pendant des décennies et réalise des gains exponentiels, il était capable de traverser les crises financières sans panique parce que la seule chose qui l'intéresse est la valeur d'une entreprise. Quand on adopte ce principe de placement axé sur la valeur, on ne peut perdre parce que l'action revient toujours à sa juste valeur.

En quoi cela nous enseigne sur les cryptomonnaies ? Bitcoin a une valeur intrinsèque, Ethereum a de la valeur avec de nombreuses applications dans la vie réelle. Cependant, toutes les cryptomonnaies se réclament résoudre un problème du monde réel, il est en fait difficile de déterminer la valeur intrinsèque d'une cryptomonnaie. C'est pourquoi je vous parle de Grayscale tout à l'heure. Ces 13 cryptomonnaies sont relativement sûres et si ça reste encore trop compliqué parce que ça l'est, alors, vous pouvez adopter ma stratégie minimaliste expliquée ci-dessus.

Je pense que vous avez remarqué, peu importe dans quelle cryptomonnaie vous avez investi en 2019, il y a fortes chances qu'elle ait au moins doublé sa valeur. Ainsi, malgré toutes les stratégies qu'on ait mises en place, la meilleure façon semble de garder les cryptomonnaies de valeur et devenir HODL, c'est-à-dire les personnes qui détiennent des actifs pour le long terme. Et les capitalistes sont des HODL nés car ils peuvent se permettre de jeter une grosse somme d'argent (0,1% de leur capital cependant) dans ces actifs à haut risque, puis, 10 ans plus tard, ils se souviennent de cet investissement et découvrent qu'il constitue désormais 99% de leur capital. Ainsi, les riches deviennent plus riches.

Chapitre 25 : Réussir à 100% avec « pyramide inversée »

Toutes les méthodes précédentes comportent des risques, il existe néanmoins une méthode qui réussit à 100% sans risque.

Vous pouvez chercher sur Google « Fear and greed index bitcoin ». Cet indice mesure les émotions des investisseurs. Nous avons les indicateurs telles que « Peur extrême », « peur », « neutre », « cupide », « très cupide ».

Notre stratégie qui réussit à 100% consiste à acheter du bitcoin quand les investisseurs sont en peur extrême et vendre du bitcoin pour USDT quand ces derniers sont extrêmement cupides. On n'a par conséquent que deux actifs qui s'alternent : USDT et BTC, tantôt 100% l'un, tantôt 100% l'autre. C'est important de le dire car on doit éviter d'investir dans des altcoins risquées si on veut réussir à 100%.

Maintenant on va parler de comment ouvrir les positions et construire le portefeuille car les périodes de peur extrême et celles de cupidité extrême peuvent respectivement durer 5 à 20 jours environ. Donc, on ne va pas construire le portefeuille en une seule fois si on cherche à maximiser les profits. On va utiliser une méthode appelée « pyramide inversée ».

F & G Index	BTC down	Acheter BTC	Avec USDT
Extreme fear	Prix jour 1	1%	100
Extreme fear	-5%	2%	200
Extreme fear	-5%	4%	400
Extreme fear	-5%	8%	800
Extreme fear	-5%	16%	1600
Extreme fear	-5%	32%	3200
Extreme fear	-5%	37%	3700
Prix jour 1	?	100%	10000

Je m'explique, on cherche le premier jour du « Extreme fear ». On prend l'exemple du 21 sep 2021. A ce jour-là, on doit ouvrir une position « achat » BTC avec 1% de nos actifs. Imaginons qu'on a 10,000 USDT, on doit alors acheter du bitcoin avec 100 USDT. Oui, 1% seulement. Puis, on regarde le prix de clôture du jour 1 de la peur extrême, en l'occurrence, 39600 USDT/BTC. Si ce prix baisse encore de 5%, alors on peut ouvrir une position « achat » avec 2% de nos USDT, c'est-à-dire qu'on ouvre une position à 39600*95%=37620 USDT/BTC, ainsi de suite, jusqu'à ce que 100% de nos USDT deviennent des bitcoins. Avec cette méthode, on est sûr de pouvoir acheter au plus bas et vendre au plus haut !

Inversement, quand le marché est en « Extreme greed ».

F & G Index	BTC up	Vendre BTC	Avec BTC
Extreme greed	Prix jour 1	1%	0.01
Extreme greed	+5%	2%	0.02
Extreme greed	+5%	4%	0.04
Extreme greed	+5%	8%	0.08
Extreme greed	+5%	16%	0.16
Extreme greed	+5%	32%	0.32
Extreme greed	+5%	37%	0.37
Prix jour 1	?	100%	0.1

De même, on va pouvoir vendre entièrement nos BTC pour USDT après 7 positions de « vente » -

quand le prix augmente de 5%, 6 fois à la suite par rapport au prix jour 1 de « Extreme greed ».

Notons que la méthode de la « pyramide inversée » est une série géométrique qui s'étale dans le temps. Ce qui fait qu'on n'aura pas toujours l'occasion de construire le portefeuille à 100%, autrement dit, il se trouve qu'avant d'arriver à la 7ème position d'achat ou de vente, le marché n'est déjà plus dans une émotion extrême, alors la méthode s'arrête. Dans ce cas, on a un certain pourcentage de BTC et un certain pourcentage de USDT en main. C'est tout à fait normal. A partir du moment où on suit méticuleusement cette méthode de construction de portefeuille, on peut maximiser nos profits.

Je tiens également à vous dire qu'il est possible de mettre vos BTC et vos USDT dans les placements à intérêts sans risque sur Binance. C'est comme mettre de l'argent en banque, cela génère des intérêts. C'est environ 5% d'intérêts annualisés pour USDT et 3% pour BTC. Donc, vos actifs produisent toujours des bénéfices, quelle que soit l'émotion du marché.

Ainsi, se focaliser uniquement sur ces deux actifs est une véritable stratégie sans risque.

Conclusion générale

Comment devient-on riche quand on n'a pas beaucoup d'argent au départ ? C'est une éternelle question à laquelle on va tenter de répondre.

Premièrement, travaillez plus, tous ceux qui vous disent que travailler ne rend pas riche vous mentent, <u>les revenus « passifs » ne sont jamais passifs.</u> Les plus riches ont tous été des travailleurs acharnés à un moment de leur vie. Ils créent de la valeur pour le monde, le monde leur rend riche en reconnaissance de valeurs créées.

Puis, quand on cumule un capital important, une autre leçon qu'on doit apprendre, c'est l'investissement, quels sont les actifs qui donnent les meilleurs rendements ?

- Les actions boursières
- L'immobilier
- Les cryptomonnaies
- L'éducation
- Un(e) partenaire

Cependant, il y a des actions boursières absolument nulles qui vous feront perdre tout votre argent, de l'immobilier qui ne se revend pas, des cryptomonnaie qui arnaquent les petits investisseurs, l'éducation avec de mauvais professeurs et des partenaires qui vous tirent vers le bas.

Donc, je repose la question : quels sont les actifs qui ont de la valeur et qui augmente votre actif et diminue votre passif ?

- Des actions boursières <u>sous-cotées avec rapports financiers sains</u>

- L'immobilier <u>bien situé avec une croissance démographique dans la région</u>
- Des Cryptomonnaies <u>avec technologie révolutionnaire soutenues par les institutions</u>
- L'éducation dans <u>des universités reconnues ou avec des mentors</u>
- Un(e) partenaire <u>qui vous aime et que vous aimez</u>

L'investissement a besoin d'éducation constante. Si vous réussissez l'un des investissements au-dessus, vous dépassez la moyenne, si vous réussissez deux ou plusieurs investissements au-dessus, vous vivez probablement une vie heureuse.

www.ingramcontent.com/pod-product-compliance
Lightning Source LLC
Chambersburg PA
CBHW022025170526
45157CB00003B/1358